@DonPardino

La letra con humor entra

Manual de ortografía y gramática pardinas

SOMOS **B**

Papel certificado por el Forest Stewardship Council®

Primera edición: abril de 2024
Primera reimpresión: diciembre de 2025

© 2024, Profesor don Pardino
© 2024, Penguin Random House Grupo Editorial, S. A. U.
Travessera de Gracia, 47-49. 08021 Barcelona

Printed in Spain – Impreso en España

ISBN: 978-84-666-7855-1
Depósito legal: B-1.738-2024

Compuesto en M. I. Maquetación, S. L.
Impreso en Liber Digital, S. L.
Casarrubuelos (Madrid)

BS 7 8 5 5 1

4

5

6

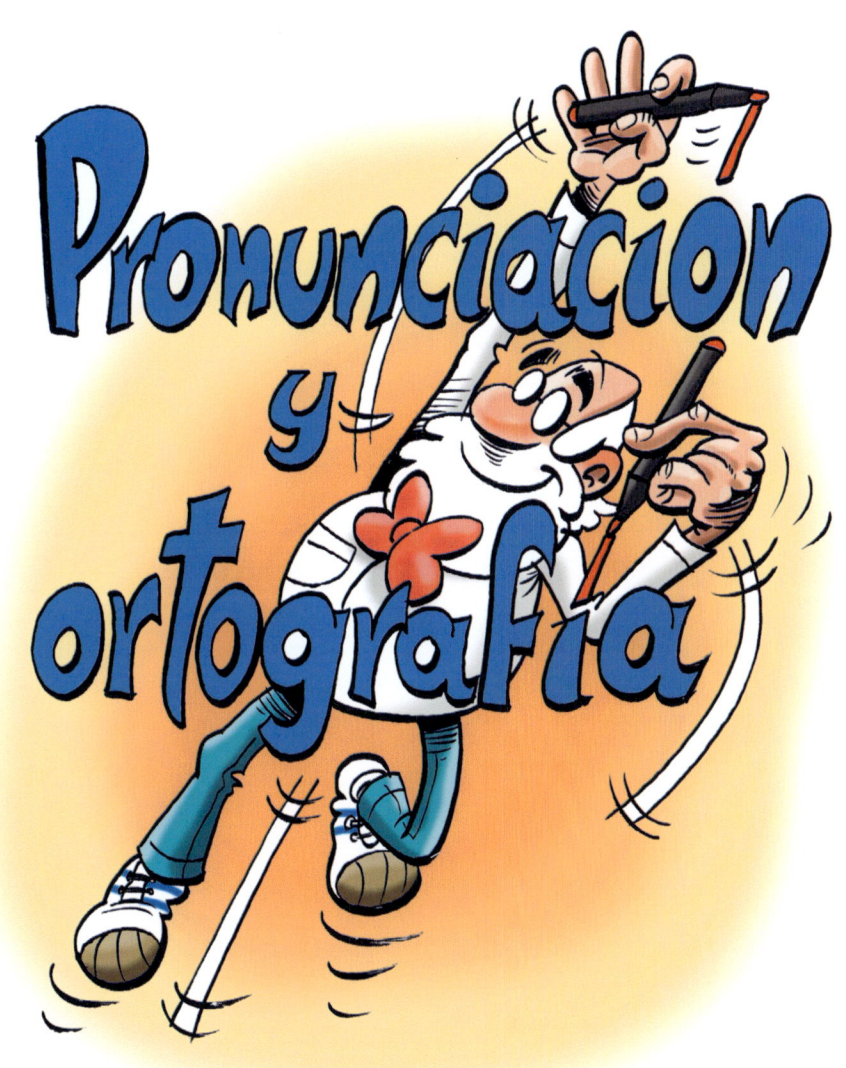

Uso de la tilde

¡Soy la tilde!

La tilde es la representación gráfica del acento. ¿Y qué es el acento?

Siempre desciendo de derecha a izquierda.

El acento es un rasgo que hace que una sílaba destaque sobre las demás.

Observen los ejemplos. Cada palabra lleva el acento en una sílaba.

camino

caminó

Ambas tienen acento, pero solo la segunda lleva tilde.

Hiatos y diptongos

DIPTONGO: secuencia de dos vocales que forman parte de una misma sílaba.

Siempre forman un **diptongo**...

... dos vocales cerradas.

iu

ciudad
veintiún

ui

acuífero
incluido

¿Y si mezclamos abiertas y cerradas?

Si la vocal cerrada es tónica, es un hiato. Si es átona, entonces es un diptongo.

Hiato
Raúl María
caída púa
búho crío

SIEMPRE LLEVAN TILDE

Diptongo
diario aire
ciencia dieciséis
después

13

Monosílabos y tilde diacrítica

Las palabras con una sola sílaba no llevan tilde...

Luis fue vio cien dos tres bien ya dio sol mes

Se exceptúan unas pocas. La tilde diacrítica se usa para diferenciar palabras monosílabas idénticas cuando una es tónica, y la otra, átona.

Te quiero / Quiero té

Pronombre (átono)

Sustantivo (tónico)

16

17

19

Bien... Hasta aquí llegamos con el asunto de la tilde. Ahora toca...

...hablar de la coma, el punto, los signos de interrogación y exclamación, las comillas...

Las próximas páginas están dedicadas a...

... los signos de puntuación.

Lo primero que hay que tener claro es el concepto de **enunciado**.

Un enunciado es una palabra o un conjunto de palabras con **sentido completo** y **entonación independiente**.

Hola.

Como ven, puede ser una sola palabra.

El saludo de Dª Telesfora tiene sentido completo y entonación independiente.

El punto

La coma

La **coma**, en cambio, sirve para...

... dividir o delimitar partes dentro del enunciado. De hecho, viene de una palabra griega...

... que significa 'cortar'.

Por ejemplo, en uno de los enunciados de D.ª Telesfora, la coma separaba las dos proposiciones de la oración compuesta.

Si me lo permite, tomaré nota.

La **coma** también se usa para aislar **incisos**, es decir, información complementaria.

El inciso es un añadido que podríamos suprimir.

Don Pardino, como todos saben, lleva una pajarita.

Lo mismo pasa con interjecciones como «ay», «eh», «bah»...

BZZZZZZZZ

¡Ah, un mosquito!

¡Uy, que me pica!

Y también...

... se usa la coma para separar una serie de palabras con idéntica función gramatical.

El ejemplo más típico es el de las enumeraciones.

Don Pardino compró libros, tebeos, revistas, pasatiempos y lápices.

En el último elemento, se pone la conjunción y ya no hay coma.

sin embargo   asimismo
además   es decir   así pues
por cierto   por lo tanto   o sea
en primer/segundo lugar
por otra parte   por ejemplo
a mi parecer   en realidad

En aquellos calurosos días de verano, mi perro se distraía con las mariposas.

La información sobre tiempo, lugar, modo, compañía, etc., va seguida de coma cuando inicia el enunciado.

La coma no es obligatoria si esa información es breve.

Cervantes escribió el Quijote, y Quevedo, La vida del Buscón.

Cuando se omite un verbo...

... se pone una coma en su lugar.

En ese ejemplo, hemos omitido el segundo «escribió».

Punto y coma

Se usa en lugar de la coma cuando se enumeran expresiones complejas.

Vendrán Pepito, mi amigo; Jeronita, mi prima; y Quico, su perro.

Antes de «y» se puede poner coma o punto y coma.

Sustituye al punto y seguido cuando dos oraciones independientes están estrechamente relacionadas.

Podemos irnos; ya se ha acabado la película.

Dos puntos

Los dos puntos se usan para detener el discurso y llamar la atención sobre lo que sigue, como en una enumeración.

Los ingredientes de la pócima de mi abuelo son tres: yogur supercaducado, gaseosa desbravada y fruta podrida.

Los signos de interrogación y exclamación

Las comillas

En español se emplean tres tipos de comillas.

Angulares, latinas o españolas.

Inglesas.

Simples.

Se recomienda usar primero las angulares y reservar las otras para entrecomillar un texto ya entrecomillado.

Por ejemplo: «La RAE ha dicho: "La palabra 'cocreta' no estuvo nunca en el diccionario"».

Su principal uso es enmarcar la reproducción de palabras que ha dicho otra persona.

El futbolista ha declarado: «Me van a operar del menisco».

Cuando la cita se construye con estilo indirecto, pero con comillas para dejar claro que son palabras de otro, hay que llevar cuidado con no producir confusiones o ambigüedad.

El futbolista ha dicho que «me van a operar del menisco».

¡¿Que te van a operar del menisco, abuelo?!

El futbolista ha dicho que lo van a operar del menisco.

Esa alternativa es más clara.

LOS PUNTOS SUSPENSIVOS

48

Los paréntesis

El punto se coloca siempre tras el paréntesis de cierre.

Se fue diciendo barbaridades. (Estaba muy enfadado).

Los corchetes [ ]

Se aplican de forma análoga a los paréntesis.

A veces, se usan como paréntesis dentro de paréntesis.

Don Pardino (miembro de la ARRE [Academia de Reglas Resultonas y Estilosas]) es mi abuelo.

El guion

52

Y otra cosa que queda fatal es aislar una sola vocal con el guion.

¡Qué solita estoy!

✗ a-
buelo

✓ abue-
lo

¡Qué bien acompañada!

¡Ojo con dividir sílabas con resultados malsonantes!

✗ Chi-
cago

✓ Chica-
go

✓ adhe-
sivo

✗ ad-
hesivo

Las palabras con «h» intercalada se dividen como ya se ha explicado.

Como si la «h» no existiese.

54

La raya

Soy más larga que el guion.

Su función principal es la de signo delimitador, como cuando se insertan comentarios de un narrador.

—Por ventura, señor caballero —preguntó el Caballero del Bosque a don Quijote—, ¿sois enamorado?

En este caso...

... solo se pone raya de cierre si el personaje sigue hablando tras el comentario del narrador.

—Por desventura que lo soy —dijo don Quijote.

55

La raya no solo funciona como signo doble.

Como signo simple, sirve para reproducir diálogos.

No debe dejarse espacio entre la raya y el comienzo del enunciado.

—¿Qué hacemos hablando así, abuelo?
—Estamos ejemplificando el uso de la raya para los diálogos.
—Pues prefiero los bocadillos de cómic.

Y también se usa para enumeraciones en forma de lista.

Debe haber un espacio entre la raya y el texto.

Si los elementos son simples, se puede usar la coma o prescindir de puntuación.

Si son más complejos, usaremos punto y coma o punto.

Ingredientes del pan:
— agua,
— harina,
— levadura,
— sal.

Ingredientes del pan:
— agua
— harina
— levadura
— sal

* Ver sección sobre el punto y coma.

57

El apóstrofo

Es un signo en forma de coma alta que se usa mucho en otras lenguas y muy poco en español.

No hay que confundirlo con el **apóstrofe**, una figura retórica consistente en dirigirse a alguien con vehemencia.

¡Oh, estudiantes de idiomas!

¡Dejen de confundir el apóstrofo con el apóstrofe!

Me voy caminando pa'l río...

60

porqué

Va junto y con tilde cuando es un sustantivo. Por eso mismo...

...admite determinantes: «el porqué», «un porqué», «algún porqué»...

Incluso puede ponerse en plural: «los porqués».

por que

Esto es la combinación de «por» y una subordinada: «Me preocupé por que estuvieras bien» (= «por eso»).

O de «por» y el pronombre relativo: «El motivo por (el) que te llamé».

«Si no» y «sino»

Si no vienes, iré yo.
Si sí vienes, te esperaré.

¿**P**uede cambiar el «no» por un «sí»?

¡**P**ues escríbalo en dos palabras y no lo confunda con «sino»!

«**Si no**» es la suma de la conjunción «si»...

...y el adverbio de negación «no».

Prefijos

Pasamos un rato **supersepados**.

«Super-» es un prefijo en esta oración.

¡Primaaa!

Estuvimos muy separados y nos echamos de menos.

Pasamos un rato **súper** separados.

En este caso, «súper» es un adjetivo equivalente a «guay».

¡Marcha! ¡Yupi!

¡Estuvimos separados, pero lo pasamos pipa!

¡Y ojo con separar los prefijos!

Mayúsculas y minúsculas

En las secciones sobre los signos de puntuación ya les he hablado de las mayúsculas exigidas...

... por el punto, los signos de exclamación e interrogación, los dos puntos...

Pero la función principal de las mayúsculas es la de marcar...

... los **nombres propios**.

76

Siglas, abreviaturas y símbolos

79

Concordancia entre sujeto y verbo.

«Me gusta el deporte». ¿A quién le gusta? A mí, así que...

... el sujeto soy yo.

¡Nooooo!

Prueba a cambiar el verbo.

Por ejemplo, lo pongo en plural.

Me gustan el deporte.

Entonces hay que poner «los deportes».

¡Claro! Es el sujeto por que concuerda con el verbo.

«Haber» impersonal

88

Voz pasiva para evitar leísmos, laísmos y loísmos

ACTIVA → Estoy escuchando a mi amiga.

PASIVA → Mi amiga está siendo escuchada.

La transformación suena bien. En este caso, uso el pronombre «la».

Estoy escuchándola

ACTIVA → Dije un secreto a mi amiga.

PASIVA → *Mi amiga fue dicha un secreto.

Esta pasiva no es correcta. En este caso, uso el pronombre «le».

Le dije un secreto.

Queísmo y dequeísmo

¿«Me alegro que vengas» o «Me alegro de que vengas»?

Me alegro eso

que vengas

Un pequeño truco: cámbialo todo por el pronombre «eso».

«Me alegro eso» suena fatal, ¿verdad?

Si es «Me alegro de eso», entonces es «Me alegro de que vengas»...

Y si es «Me alegra eso», entonces será «Me alegra que vengas».

Quesuismo

Me he aprendido el Quijote: «En un lugar de la Mancha, que su nombre no quiero acordarme...».

¡Aaaargh! ¡Usar «que su» en lugar de «cuyo» se denomina «quesuismo»!

«En un lugar de la Mancha, de cuyo nombre no quiero acordarme».

Concordancia de numerales compuestos

93

Posesivo pospuesto

Se recomienda poner el posesivo detrás cuando también se puede poner delante.

Dicho de otra forma: cuando acompaña a sustantivos.

✓ a **su** lado
✓ a **tu** alrededor
✓ en **mi** contra

✓ al lado **suyo**
✓ alrededor **tuyo**
✓ en contra **mía**

✗ en **su** detrás
✗ en **tu** cerca
✗ en **mi** delante

✗ detrás **suyo**
✗ cerca **tuya**
✗ delante **mío**

Verbo «saber»

¡**A**yudarmeee!

Te ayudo porque eres mi consuegro, pero que sepas que, para rogar, pedir o mandar, se usa el imperativo...

¡«Ayudadme»!

¿Impreso o imprimido?

«He impreso un cartel» y «He imprimido un cartel» son dos opciones correctas.

Pero se prefiere el participio irregular cuando modifica a un nombre: «una ficha impresa».

«TI» NO LLEVA TILDE

O cuando es un atributo: «La ficha está impresa».

¡Impreso! Digooo... ¡Impresionante!

98

Con las partes del cuerpo, mejor el artículo determinado.

Los sustantivos colectivos («gente», «familia»...) concuerdan con el verbo en singular, pero se pueden poner en plural si la persona que habla se incluye.

La gente mayor no estamos para muchos trotes...

«La gente mayor no **está** para muchos trotes». ¡No te incluyas, consuegra!

¡Tú estás joven!

¡No hace falta que nos hagas la pelota, que te íbamos a invitar a comer igualmente!

Concisión

Sesquipedalismo

Me gusta junio porque se *enlarguecen los días y aumenta la *calurosidad.

¡No alargues las palabras innecesariamente para hacerte el interesante!

¡Eso se llama «sesquipedalismo!

Pleonasmos (redundancias)

¡Brrrrr! ¡Debemos de estar a menos diez grados bajo cero!

¡«Menos diez» o «diez bajo cero», pero no las dos cosas juntas!

¡Es una redundancia!

Palabras comodín

Hay palabras con un sentido muy general y valen para todo, pero conviene sustituirlas por otras más precisas.

Pon más atención

Presta más atención.

He **puesto** la wifi.

He **conectado** la wifi.

Han **puesto una** alarma.

Han **instalado** una alarma.

Muletillas

Confusiones frecuentes

110

¿«Hojear» u «ojear»?

111

«Valla», «baya» y «vaya»

¿«Desternillarse» o «destornillarse»?

La forma adecuada es «desternillarse», que significa 'romperse las ternillas (los cartílagos) de tanto reírse'.

«Destornillarse» es cosa de robots...

¿«**E**specias» o «especies»?

«Ahí», «hay» y «ay»

¡Ahí hay un niño que dice «ay»!
¡Ay!
Justo estaba buscando eso en el diccionario y...
DICCIONARIO
¡CLOC!

Lemas

tebeo

m. Serie de aventuras contada en forma de historietas gráficas.

El lema es el término al que sigue la acepción.

Un lema puede tener varias acepciones.

El lema nos resuelve dudas sobre la ortografía.

Por ejemplo, en este caso nos deja claro que «tebeo» se escribe con «b».

pendiente

1. adj. Que está sin resolver o sin terminar.

2. m. Joya que se lleva colgando.

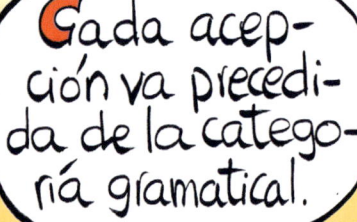

Cada acepción va precedida de la categoría gramatical.

En la primera, «pendiente» es un adjetivo; en la segunda, un sustantivo masculino.

Marcas

almóndiga

Aportan información útil para un uso apropiado de la palabra.

1. f. desus. albóndiga. U. c. vulg.

Esta marca avisa de que «almóndiga»...

... está en desuso, y luego se recomienda «albóndiga».

Y, por si fuera poco, esta otra nos indica que se trata de un vulgarismo.

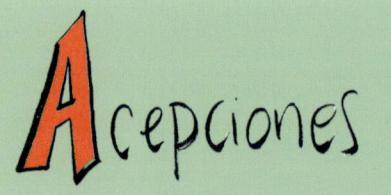

Acepciones

Las acepciones son los significados de una palabra según los contextos en que aparece.

especia

1. f. Sustancia vegetal aromática que sirve de condimento.

Nos permiten asegurarnos de que ese término expresa realmente lo que queremos.

Ahora puedo decir con seguridad que la canela es una especia.

Creación de textos

Para redactar textos, hay que tener tres cosas en cuenta: coherencia, cohesión y adecuación.

Coherencia

La coherencia da un sentido global al texto. Todo debe estar organizado lógicamente en torno a un tema.

Ese tema irá progresando de manera ordenada, siguiendo un plan o una estructura.

Ayer salía pasear y... Hace calor, ¿no? ¡Mira! ¡Una gaviota! Bueno, el caso es...

¿Qué estaba yo contando?

¡Más coherencia, por favor!

- **1.er párrafo**: introducción.
- **Párrafos centrales**: desarrollo, con un párrafo dedicado a cada aspecto del tema global.
- **Último párrafo**: conclusión.

Y, si el texto es un cuento, seguiremos la clásica estructura con un inicio, un nudo y un desenlace.

Érase una vez un niño llamado Pardinín. Tenía un abuelo muy listo y muy simpático. **U**n día, Pardinín decidió pedirle una paga extra a su abuelo...

El desenlace es que te olvides de esa paga extra.

Oh, vaya...

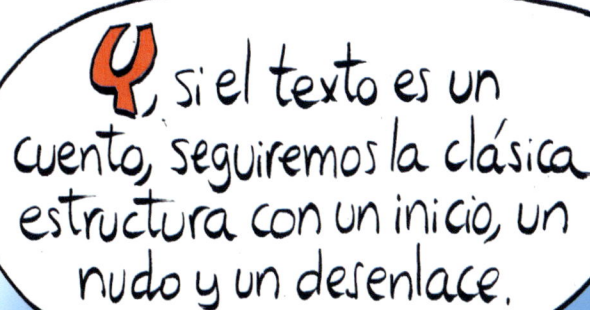

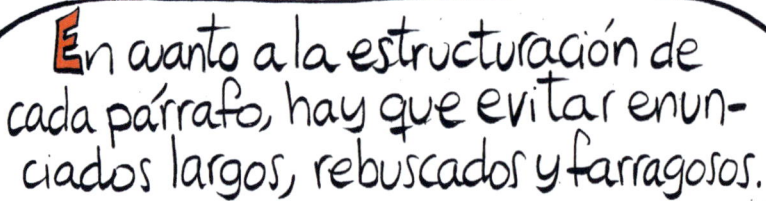

En cuanto a la estructuración de cada párrafo, hay que evitar enunciados largos, rebuscados y farragosos.

* En la jornada de mañana, que es cuando juego un partido y, en consecuencia, tengo motivos de preocupación, se esperan precipitaciones.

Mejor enunciados breves y separados por puntos. Una idea detrás de otra.

Mañana juego un partido. Puede que llueva. Estoy bastante preocupado.

Cohesión

La cohesión es como un entramado de conexiones entre las diferentes partes del texto.

Se trata de palabras que hacen referencia a otras, de expresiones que anuncian lo que sigue; de la...

... repetición de palabras clave; de usar palabras del mismo campo semántico...

En este ejemplo, el pronombre «la» y el sintagma «una paga» están entrelazados.

Pardinín quería una **paga**, pero no **la** consiguió.

Los conectores discursivos también favorecen la cohesión, ya que unen ideas...
EN PRIMER LUGAR
EN SEGUNDO LUGAR
POR ÚLTIMO
ASÍ PUES
ADEMÁS
POR EJEMPLO
ES DECIR
O SEA
SIN EMBARGO
EN OTRAS PALABRAS
POR CIERTO
A MI PARECER
EN MI OPINIÓN
POR LO TANTO
PARA CONCLUIR
EN RESUMEN
EN CONSECUENCIA
EN DEFINITIVA

Adecuación

Exposición

Argumentación

Su propósito es convencer o persuadir de algo al receptor, como en un artículo de opinión o la publicidad.

Los caracoles son mascotas estupendas: no hace falta comprarles una caseta, no hacen ruido y son graciosos.

Gracias.

Descripción

Narración

Su propósito es contar un hecho real, como una anécdota, o ficticio, como un cuento o una novela.

Érase una vez un caracol llamado Listospero. Un día, fue a ver a su abuelita...

Diálogo

143